Impressum
Verlag: BABADADA GmbH, Nedderfeld 112 , 22529 Hamburg
Geschäftsführer / Verlagsleitung: Harald Hof
Druck: Books on Demand GmbH, In de Tarpen 42, 22848 Norderstedt

Imprint
Publisher: BABADADA GmbH, Nedderfeld 112 , 22529 Hamburg, Germany
Managing Director / Publishing direction: Harald Hof
Print: Books on Demand GmbH, In de Tarpen 42, 22848 Norderstedt, Germany

școală
Schule

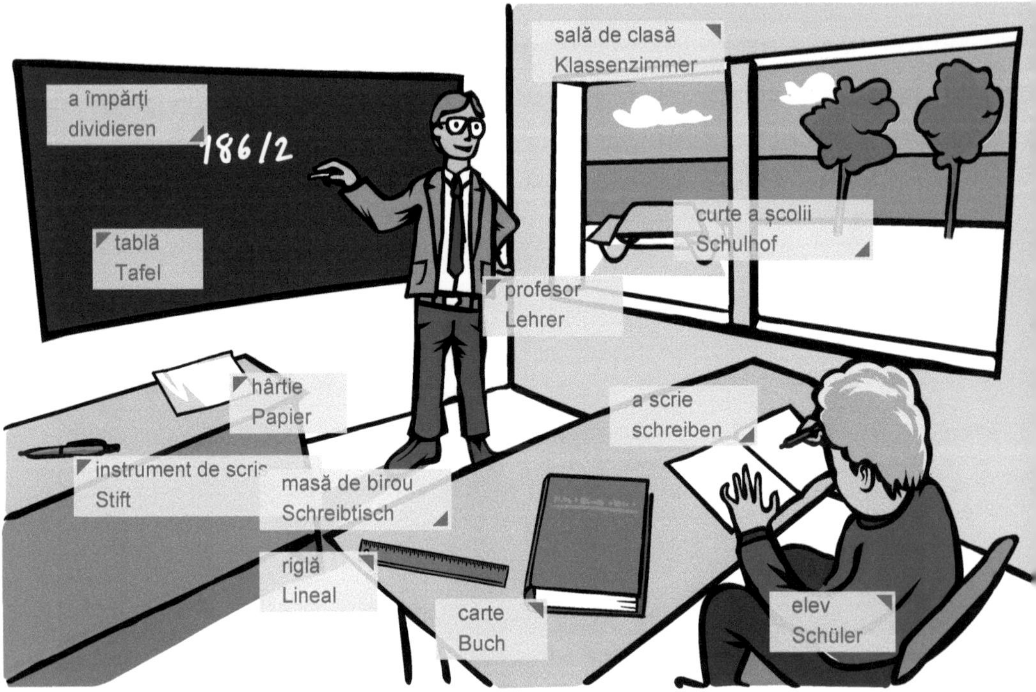

sală de clasă
Klassenzimmer
a împărți
dividieren
186/2
tablă
Tafel
curte a școlii
Schulhof
profesor
Lehrer
hârtie
Papier
a scrie
schreiben
instrument de scri
Stift
masă de birou
Schreibtisch
riglă
Lineal
carte
Buch
elev
Schüler

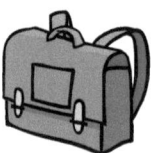

ghiozdan

Ranzen

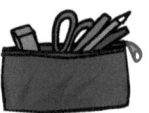

penar

Federmappe

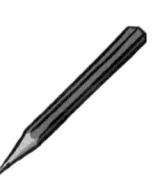

creion

Bleistift

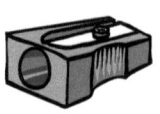

ascuțitoare

Bleistiftanspitzer

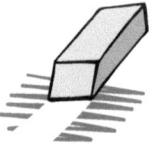

radieră

Radiergummi

bloc de desen

Zeichenblock

desen

Zeichnung

pensulă

Pinsel

cutie de acuarele

Malkasten

foarfece

Schere

lipici

Klebstoff

caiet de exerciții

Übungsheft

temă

Hausaufgabe

număr

Zahl

a aduna

addieren

a scădea

subtrahieren

a multiplica

multiplizieren

a calcula

rechnen

literă

Buchstabe

alfabet

Alphabet

cuvânt

Wort

text
Text

a citi
lesen

cretă
Kreide

oră
Stunde

catalog
Klassenbuch

examen
Prüfung

certificat
Zeugnis

uniformă școlară
Schuluniform

educație
Ausbildung

enciclopedie
Lexikon

universitate
Universität

microscop
Mikroskop

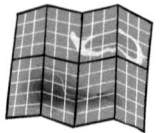

hartă
Karte

coș de gunoi
Papierkorb

călătorie
Reise

hotel
Hotel
Grand
hostel
Herberge
ROOMS
casă de schimb valutar
Wechselstube
EXCHANGE
valiză
Koffer
autovehicul
Auto

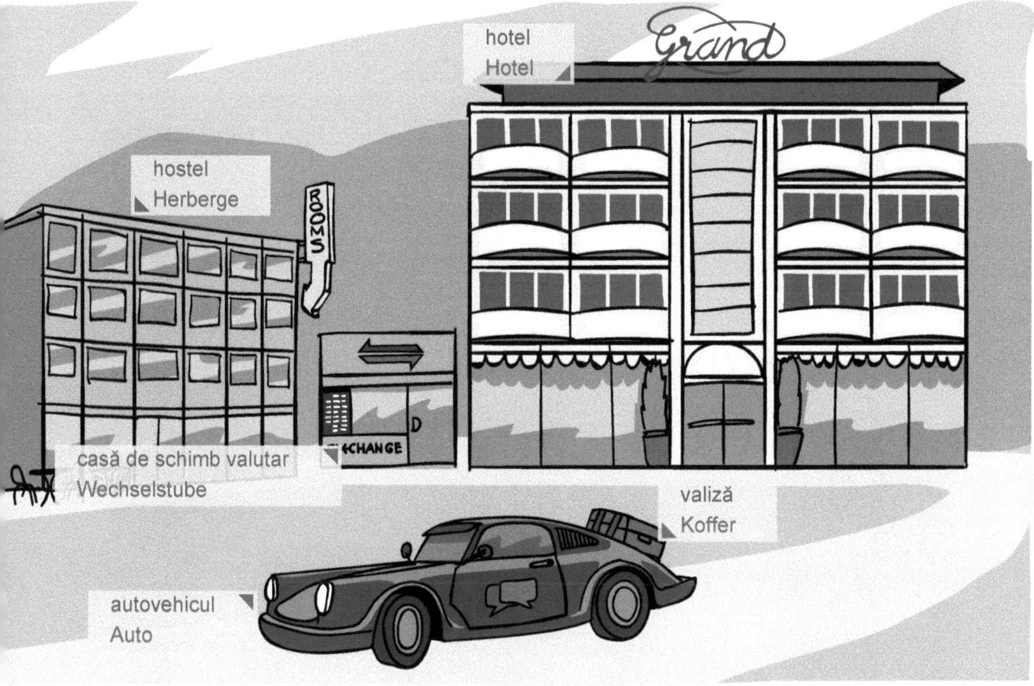

limbă
Sprache

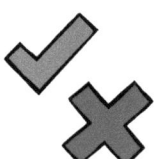

da/nu
ja / nein

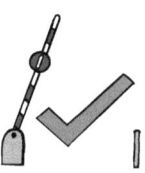

okay
Okay

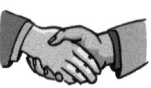

Bună!
Hallo

interpret
Übersetzer

mulțumesc
Danke

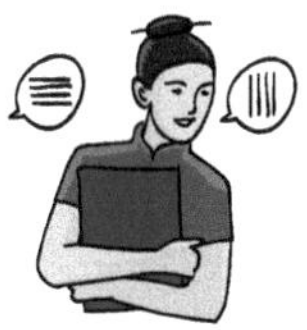

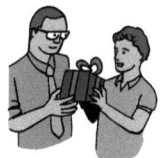

Cât costă…?

Was kostet…?

Nu înțeleg

Ich verstehe nicht

problemă

Problem

Bună seara!

Guten Abend!

Bună dimineața!

Guten Morgen!

Noapte bună!

Gute Nacht!

la revedere

Auf Wiedersehen

direcție

Richtung

bagaj

Gepäck

geantă

Tasche

rucsac

Rucksack

oaspete

Gast

cameră

Zimmer

sac de dormit

Schlafsack

cort

Zelt

punct de informare turistică
....
Touristeninformation

plajă
....
Strand

carte de credit
....
Kreditkarte

mic dejun
....
Frühstück

masa de prânz
....
Mittagessen

cină
....
Abendessen

bilet de călătorie
....
Fahrkarte

lift
....
Fahrstuhl

timbru poștal
....
Briefmarke

graniță
....
Grenze

vamă
....
Zoll

ambasadă
....
Botschaft

viză
....
Visum

pașaport
....
Pass

transport
Transport

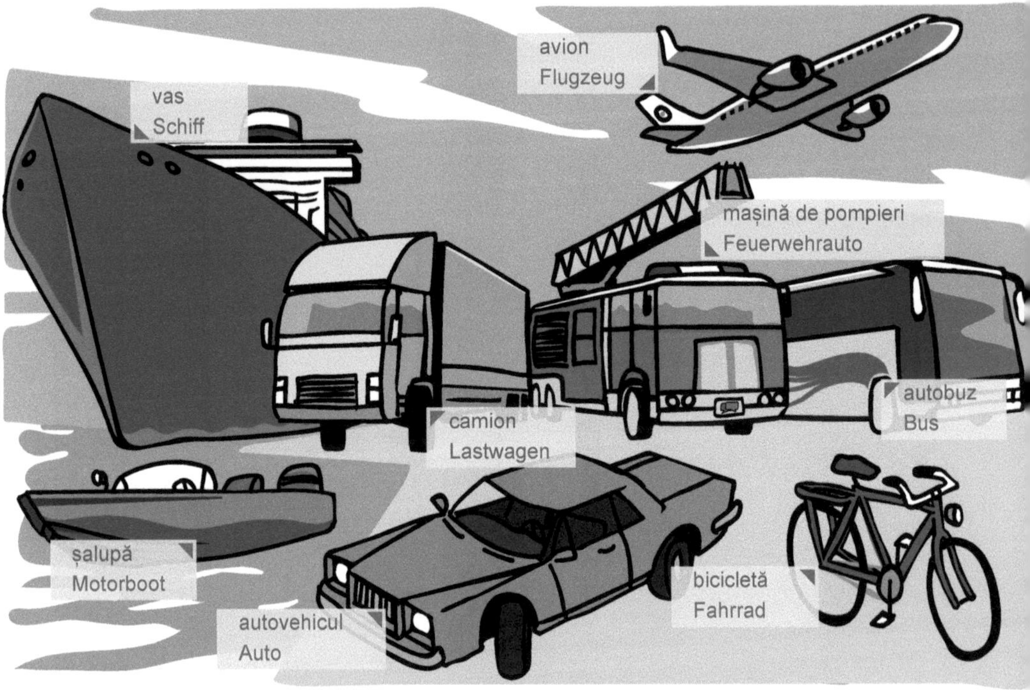
avion
Flugzeug
vas
Schiff
mașină de pompieri
Feuerwehrauto
autobuz
Bus
camion
Lastwagen
șalupă
Motorboot
bicicletă
Fahrrad
autovehicul
Auto

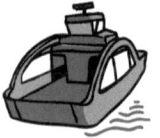

feribot	barcă	motocicletă
Fähre	Boot	Motorrad
mașină de poliție	mașină de curse	mașină închiriată
Polizeiauto	Rennauto	Mietwagen

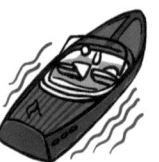

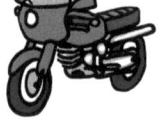

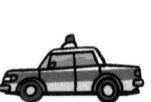

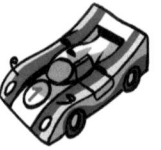

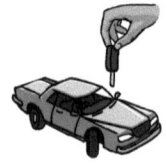

car sharing

Carsharing

mașină de tractat

Abschleppwagen

mașină de gunoi

Müllauto

motor

Motor

combustibil

Kraftstoff

benzinărie

Tankstelle

semn de circulație

Verkehrsschild

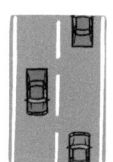

trafic

Verkehr

ambuteiaj

Stau

parcare

Parkplatz

gară

Bahnhof

șine

Schienen

tren

Zug

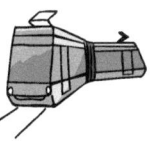

tramvai

Straßenbahn

vagon

Wagon

elicopter

Helikopter

aeroport

Flughafen

turn

Tower

pasager

Passagier

container

Container

carton

Karton

căruță

Karren

coș

Korb

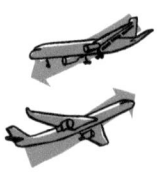

a decola/a ateriza

starten / landen

oraș

Stadt

sat

Dorf

centru

Stadtzentrum

casă

Haus

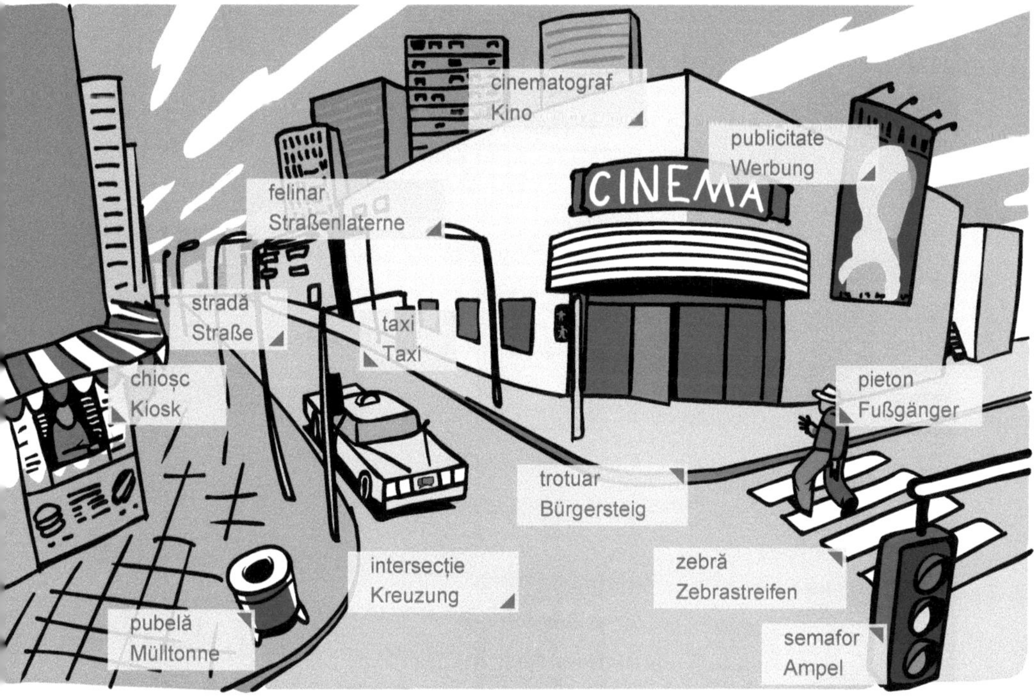

cinematograf
Kino

publicitate
Werbung

felinar
Straßenlaterne

stradă
Straße

taxi
Taxi

CINEMA

pieton
Fußgänger

chioșc
Kiosk

trotuar
Bürgersteig

intersecție
Kreuzung

zebră
Zebrastreifen

pubelă
Mülltonne

semafor
Ampel

cabană
....
Hütte

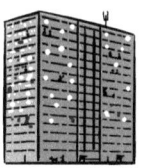

apartament
....
Wohnung

gară
....
Bahnhof

primărie
....
Rathaus

muzeu
....
Museum

școală
....
Schule

universitate
Universität

bancă
Bank

spital
Krankenhaus

hotel
Hotel

farmacie
Apotheke

birou
Büro

librărie
Buchhandlung

magazin
Geschäft

florărie
Blumenladen

supermarket
Supermarkt

piață
Markt

magazin universal
Kaufhaus

comerciant de pește
Fischhändler

centru comercial
Einkaufszentrum

port
Hafen

parc
....
Park

bancă
....
Bank

pod
....
Brücke

trepte
....
Treppe

metrou
....
U-Bahn

tunel
....
Tunnel

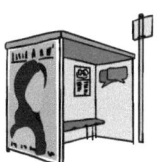

stație de autobuz
....
Bushaltestelle

bar
....
Bar

restaurant
....
Restaurant

cutie poștală
....
Briefkasten

tăbliță indicatoare cu
numele străzii
....
Straßenschild

parcometru
....
Parkuhr

grădină zoologică
....
Zoo

piscină
....
Badeanstalt

moschee
....
Moschee

gospodărie țărănească

Bauernhof

poluare

Umweltverschmutzung

cimitir

Friedhof

biserică

Kirche

loc de joacă

Spielplatz

templu

Tempel

peisaj

Landschaft

frunză
Blatt

indicator
Wegweiser

drum
Weg

pajiște
Wiese

piatră
Stein

copac
Baum

drumeț
Wanderer

râu
Fluss

iarbă
Gras

floare
Blume

vale
....
Tal

deal
....
Berg

lac
....
See

pădure
....
Wald

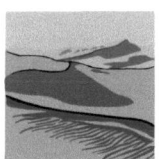

deşert
....
Wüste

vulcan
....
Vulkan

castel
....
Schloss

curcubeu
....
Regenbogen

ciupercă
....
Pilz

palmier
....
Palme

ţânţar
....
Moskito

muscă
....
Fliege

furnică
....
Ameise

albină
....
Biene

păianjen
....
Spinne

gândac

Käfer

broască

Frosch

veveriță

Eichhörnchen

arici

Igel

iepure

Hase

bufniță

Eule

pasăre

Vogel

lebădă

Schwan

porc mistreț

Wildschwein

cerb

Hirsch

elan

Elch

dig

Staudamm

turbină eoliană

Windrad

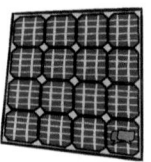

panou solar

Solarmodul

climă

Klima

restaurant
Restaurant

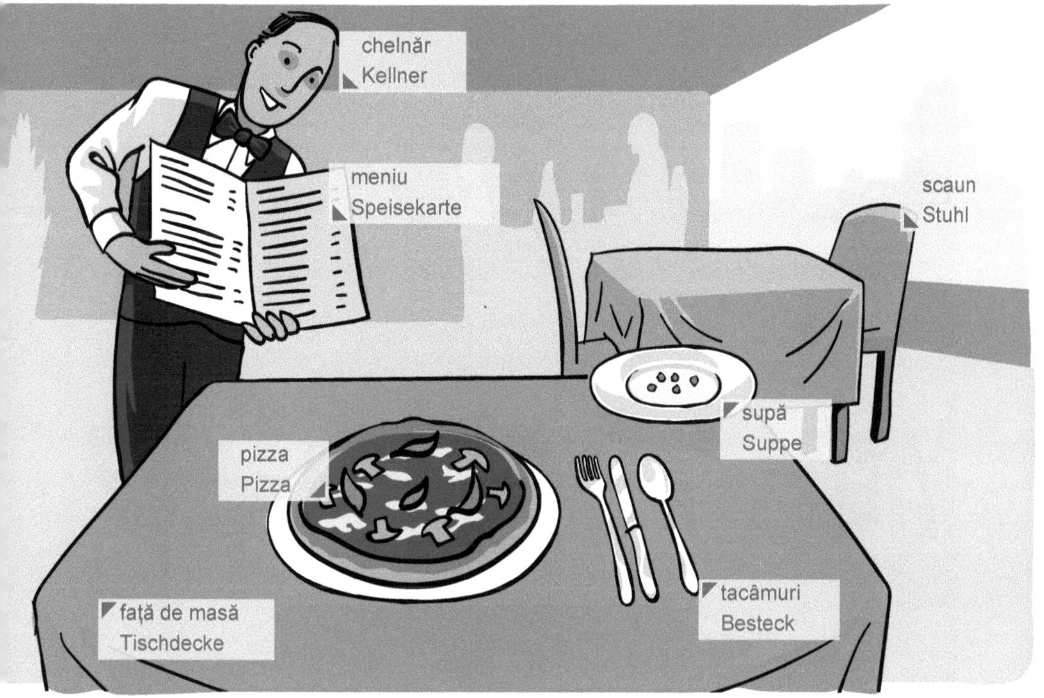
chelnăr
Kellner
meniu
Speisekarte
scaun
Stuhl
supă
Suppe
pizza
Pizza
tacâmuri
Besteck
față de masă
Tischdecke

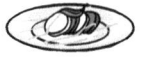

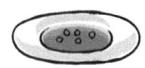

antreu

Vorspeise

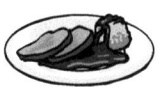

fel principal

Hauptgericht

desert

Nachspeise

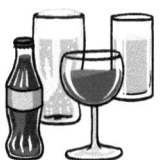

băuturi

Getränke

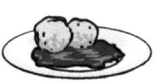

mâncare

Essen

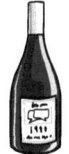

sticlă

Flasche

fastfood

Fastfood

streetfood

Streetfood

ceainic

Teekanne

zaharniță

Zuckerdose

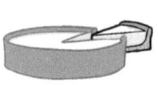

porție

Portion

espressor

Espressomaschine

scaun înalt (pentru copii)

Hochstuhl

factură

Rechnung

tavă

Tablett

cuțit

Messer

furculiță

Gabel

lingură

Löffel

linguriță

Teelöffel

șervețel

Serviette

pahar

Glas

farfurie

Teller

farfurie de supă

Suppenteller

farfurie

Untertasse

sos

Sauce

solniță

Salzstreuer

râșniță de piper

Pfeffermühle

oțet

Essig

ulei

Öl

condimente

Gewürze

ketchup

Ketchup

muștar

Senf

maioneză

Mayonnaise

supermarket
Supermarkt

ofertă
Angebot
FOR
client
Kunde
produse lactate
Milchprodukte
fructe
Obst
cărucior de cumpărături
Einkaufswagen

BUTCHERS

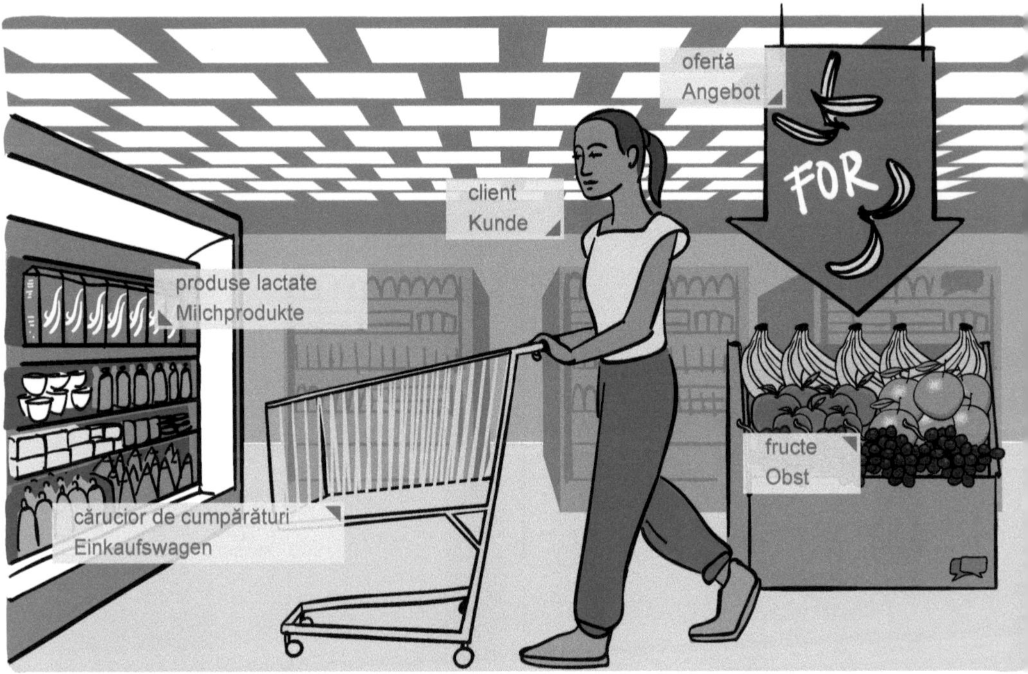

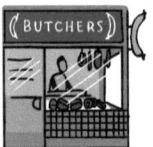

măcelărie

Schlachterei

BAKERY

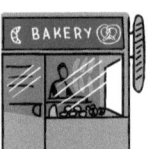

brutărie

Bäckerei

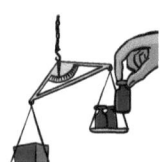

a cântări

wiegen

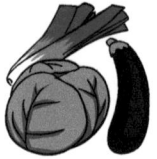

legume

Gemüse

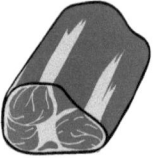

carne

Fleisch

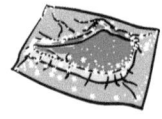

alimente refrigerate

Tiefkühlkost

mezeluri și brânzeturi feliate

Aufschnitt

conserve

Konserven

detergent

Waschmittel

dulciuri

Süßigkeiten

articole de menaj

Haushaltsartikel

produse de curățenie

Reinigungsmittel

vânzătoare

Verkäuferin

casă

Kasse

casier

Kassierer

listă de cumpărături

Einkaufsliste

orar

Öffnungszeiten

portmoneu

Brieftasche

carte de credit

Kreditkarte

geantă

Tasche

pungă de plastic

Plastiktüte

apă	suc	lapte
Wasser	Saft	Milch

cola	vin	bere
Cola	Wein	Bier

alcool	cacao	ceai
Alkohol	Kakao	Tee

cafea	espresso	cappucino
Kaffee	Espresso	Cappuccino

banane

Banane

măr

Apfel

portocală

Orange

pepene

Melone

lămâie

Zitrone

morcov

Karotte

usturoi

Knoblauch

bambus

Bambus

ceapă

Zwiebel

ciupercă

Pilz

nuci

Nüsse

paste făinoase

Nudeln

spagheti

Spaghetti

orez

Reis

salată

Salat

cartofi prăjiți

Pommes frites

cartofi țărănești

Bratkartoffeln

pizza

Pizza

hamburger

Hamburger

sandwich

Sandwich

șnițel

Schnitzel

șuncă

Schinken

salam

Salami

cârnați

Wurst

pui

Huhn

friptură

Braten

pește

Fisch

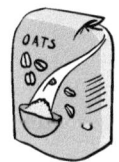

fulgi de ovăz

Haferflocken

musli

Müsli

cereale

Cornflakes

făină

Mehl

corn

Croissant

chifle

Brötchen

pâine

Brot

pâine prăjită

Toast

biscuiți

Kekse

unt

Butter

brânză de vaci

Quark

prăjitură

Kuchen

ou

Ei

ouă ochiuri

Spiegelei

brânză

Käse

înghețată

Eiscreme

zahăr

Zucker

miere

Honig

marmeladă

Marmelade

cremă nuga

Nougat-Creme

curry

Curry

gospodărie țărănească
Bauernhof

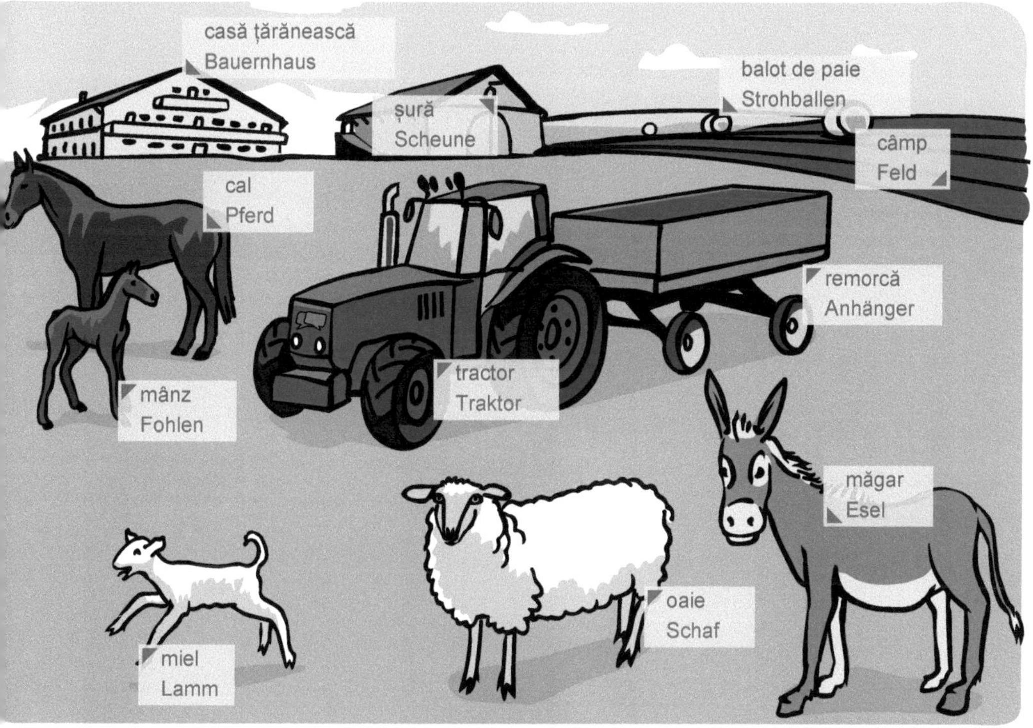

casă țărănească
Bauernhaus
balot de paie
Strohballen
șură
Scheune
câmp
Feld
cal
Pferd
remorcă
Anhänger
tractor
Traktor
mânz
Fohlen
măgar
Esel
oaie
Schaf
miel
Lamm

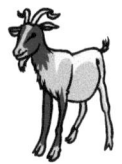

capră
Ziege

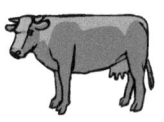

vacă
Kuh

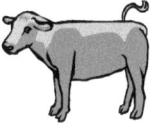

vițel
Kalb

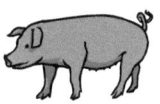

porc
Schwein

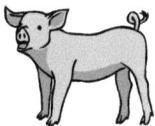

purcel
Ferkel

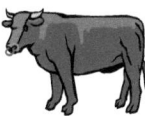

taur
Bulle

găină
Gans

rață
Ente

pui
Küken

găină
Huhn

cocoș
Hahn

șobolan
Ratte

pisică
Katze

șoarece
Maus

bou
Ochse

câine
Hund

cușcă
Hundehütte

furtun de grădină
Gartenschlauch

stropitoare
Gießkanne

coasă
Sense

plug
Pflug

seceră

Sichel

sapă

Hacke

furcă

Mistgabel

secure

Axt

roabă

Schubkarre

troacă

Trog

cană pentru lapte

Milchkanne

sac

Sack

gard

Zaun

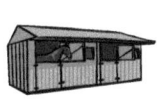

grajd

Stall

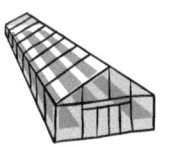

seră

Treibhaus

sol

Boden

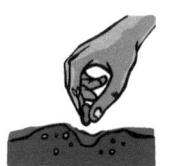

sămânță

Saat

fertilizator

Dünger

combină de treierat

Mähdrescher

a culege
....
ernten

recoltă
....
Ernte

cartof yam
....
Yamswurzel

grâu
....
Weizen

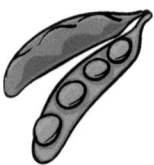

soia
....
Soja

cartof
....
Kartoffel

porumb
....
Mais

rapiță
....
Raps

pom fructifer
....
Obstbaum

manioc
....
Maniok

cereale
....
Getreide

casă
Haus

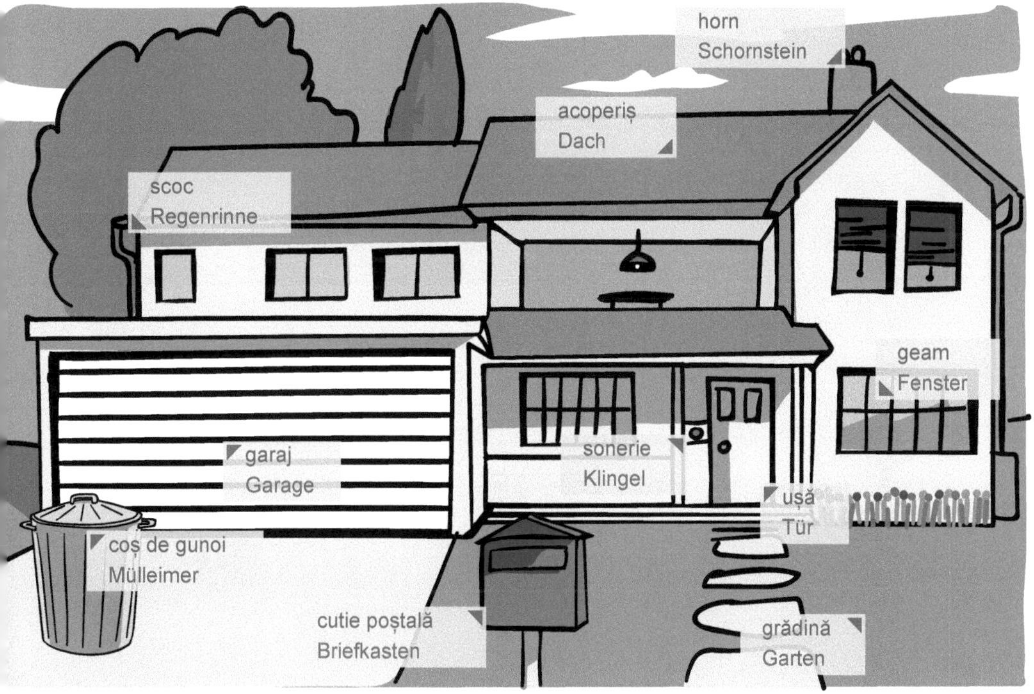
horn
Schornstein
acoperiș
Dach
scoc
Regenrinne
geam
Fenster
garaj
Garage
sonerie
Klingel
ușă
Tür
coș de gunoi
Mülleimer
cutie poștală
Briefkasten
grădină
Garten

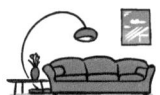

cameră de zi

Wohnzimmer

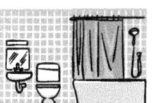

baie

Badezimmer

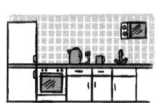

bucătărie

Küche

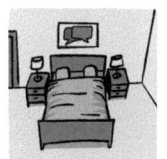

dormitor

Schlafzimmer

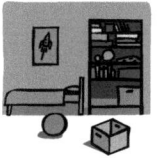

camera copiilor

Kinderzimmer

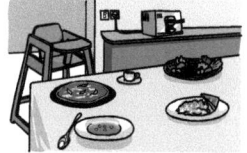

sufragerie

Esszimmer

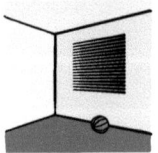

podea

Boden

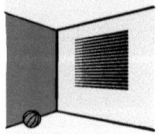

perete

Wand

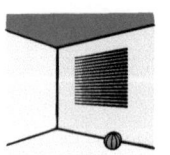

tavan

Decke

pivniță

Keller

saună

Sauna

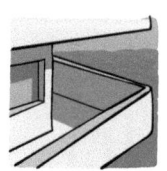

balcon

Balkon

terasă

Terrasse

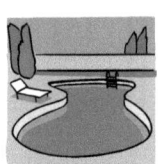

piscină

Schwimmbad

mașină de tuns iarba

Rasenmäher

cearşaf

Bettbezug

cuvertură

Bettdecke

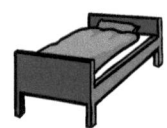

pat

Bett

mătură

Besen

găleată

Eimer

întrerupător

Schalter

camerӑ de zi
Wohnzimmer

tapet
Tapete
pictură
Bild
lampă
Lampe
raft
Regal
dulap
Schrank
televizor
Fernseher
șemineu
Kamin
floare
Blume
pernă
Kissen
sofa
Sofa
vază
Vase
telecomandă
Fernbedienung

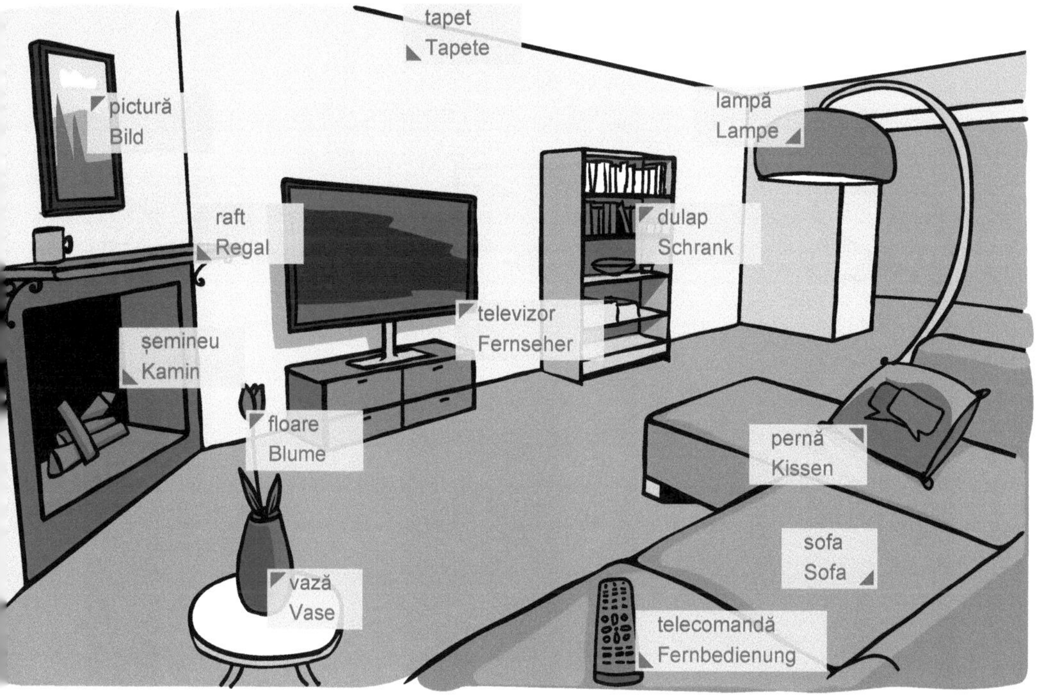

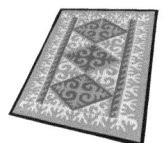

covor
Teppich

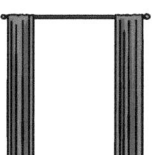

perdea
Vorhang

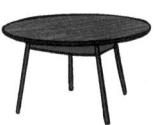

masă
Tisch

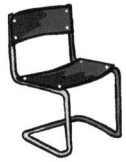

scaun
Stuhl

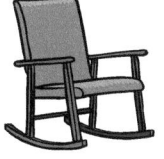

balansoar
Schaukelstuhl

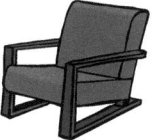

fotoliu
Sessel

carte

Buch

pătură

Decke

decoraţiune

Dekoration

lemn de foc

Feuerholz

film

Film

instalaţie stereo

Stereoanlage

cheie

Schlüssel

ziar

Zeitung

desen

Gemälde

poster

Poster

radio

Radio

caiet de notiţe

Notizblock

aspirator

Staubsauger

cactus

Kaktus

lumânare

Kerze

bucătărie
Küche

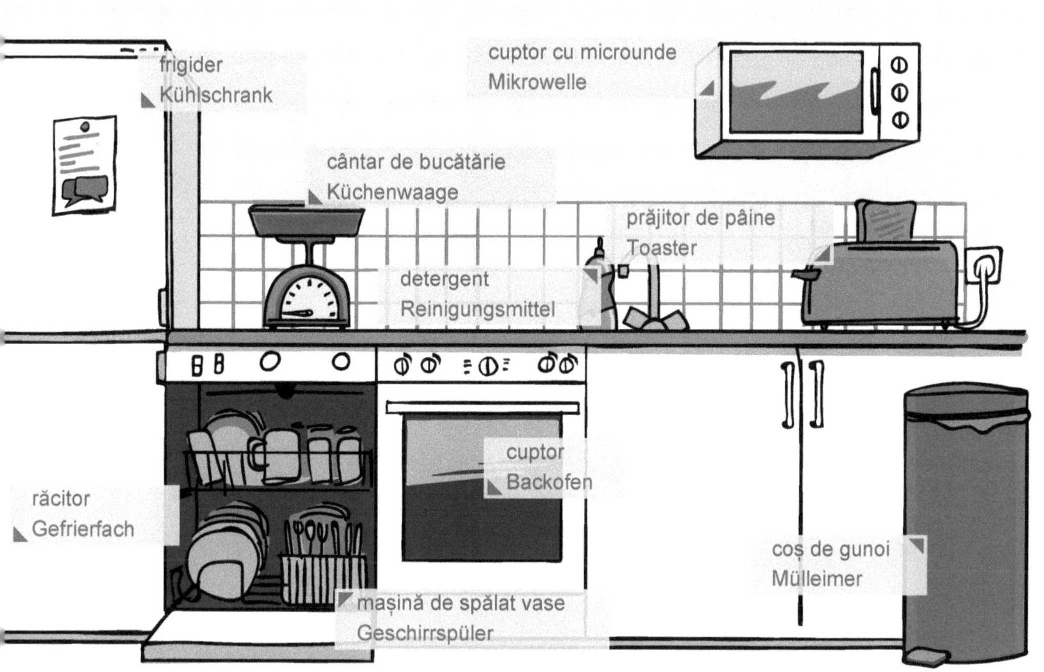

frigider
Kühlschrank
cuptor cu microunde
Mikrowelle
cântar de bucătărie
Küchenwaage
prăjitor de pâine
Toaster
detergent
Reinigungsmittel
cuptor
Backofen
răcitor
Gefrierfach
coș de gunoi
Mülleimer
mașină de spălat vase
Geschirrspüler

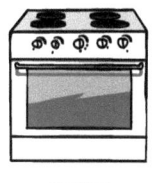

cuptor

Herd

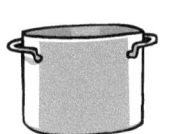

oală

Topf

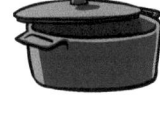

oală de metal

Eisentopf

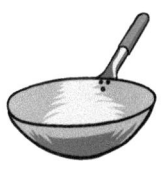

wok/kadai

Wok / Kadai

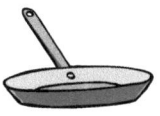

tigaie

Pfanne

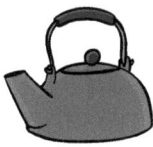

ceainic

Wasserkocher

oală de gătit cu aburi

Dampfgarer

tavă de copt

Backblech

veselă

Geschirr

pahar

Becher

bol

Schale

bețișoare

Essstäbchen

polonic

Suppenkelle

spatulă

Pfannenwender

tel

Schneebesen

sită

Kochsieb

sită

Sieb

răzătoare

Reibe

mojar

Mörser

grătar

Grill

loc pentru grătar

Feuerstelle

bucătărie - Küche

tocător
Schneidebrett

sucitor
Nudelholz

tirbușon
Korkenzieher

conservă
Dose

deschizător de conserve
Dosenöffner

șervete termice
Topflappen

chiuvetă
Waschbecken

perie
Bürste

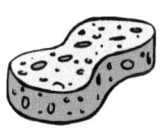

burete
Schwamm

mixer
Mixer

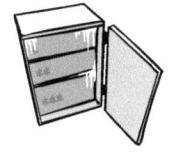

ladă frigorifică
Gefriertruhe

biberon
Babyflasche

robinet
Wasserhahn

baie
Badezimmer

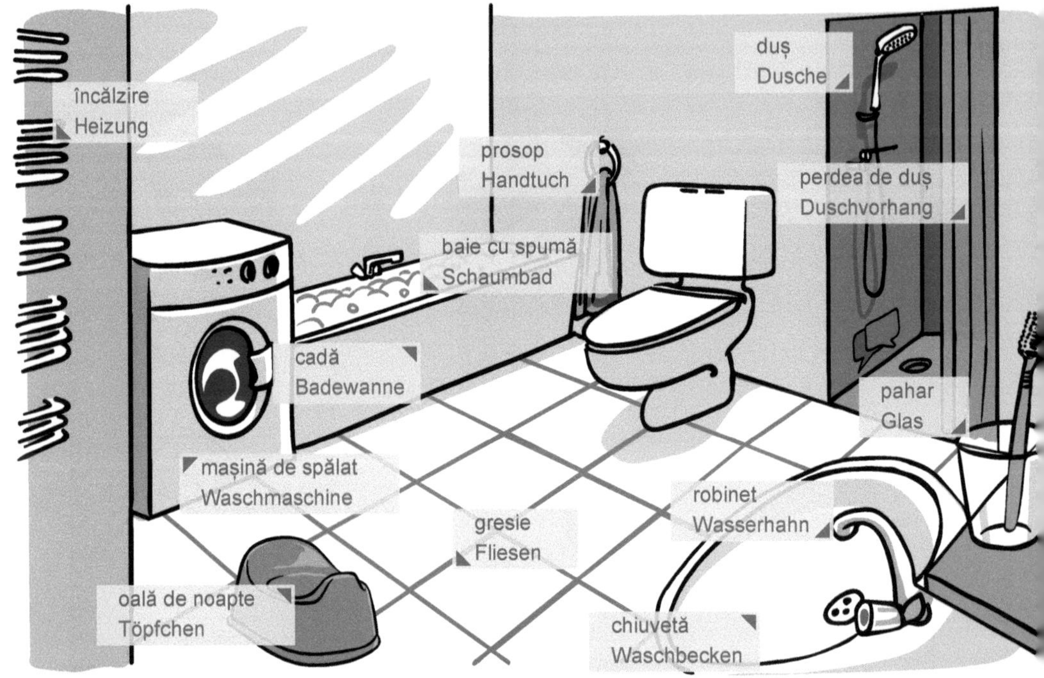
încălzire
Heizung
duș
Dusche
prosop
Handtuch
perdea de duș
Duschvorhang
baie cu spumă
Schaumbad
cadă
Badewanne
pahar
Glas
mașină de spălat
Waschmaschine
robinet
Wasserhahn
gresie
Fliesen
oală de noapte
Töpfchen
chiuvetă
Waschbecken

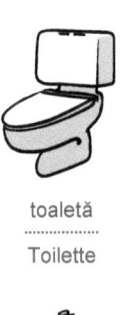

toaletă

Toilette

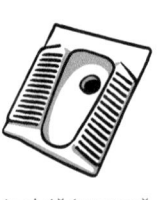

toaletă turcească

Hocktoilette

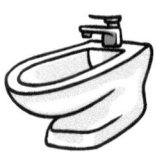

bideu

Bidet

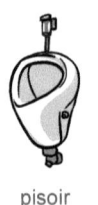

pisoir

Pissoir

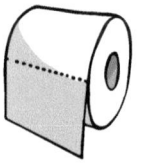

hârtie igienică

Toilettenpapier

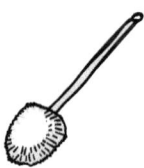

perie de toaletă

Toilettenbürste

periuță de dinți
....
Zahnbürste

pastă de dinți
....
Zahnpasta

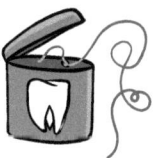

ață dentară
....
Zahnseide

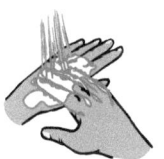

a spăla
....
waschen

cap de duș
....
Handbrause

duș intim
....
Intimdusche

lavoar
....
Waschschüssel

perie pentru spate
....
Rückenbürste

săpun
....
Seife

gel de duș
....
Duschgel

șampon
....
Shampoo

cârpă de spălat
....
Waschlappen

scurgere
....
Abfluss

cremă
....
Creme

deodorant
....
Deodorant

| oglindă | oglindă cosmetică | aparat de ras |
| Spiegel | Kosmetikspiegel | Rasierer |

| spumă de ras | aftershave | pieptene |
| Rasierschaum | Rasierwasser | Kamm |

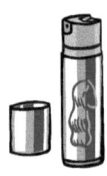

| perie | uscător de păr | fixator |
| Bürste | Föhn | Haarspray |

| machiaj | ruj | lac de unghii |
| Makeup | Lippenstift | Nagellack |

| vată | foarfece de unghii | parfum |
| Watte | Nagelschere | Parfum |

neseser

Kulturbeutel

taburet

Hocker

cântar

Waage

halat de baie

Bademantel

mănuși de cauciuc

Gummihandschuhe

tampon

Tampon

tampon

Damenbinde

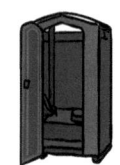

toaletă chimică

Chemietoilette

camera copiilor
Kinderzimmer

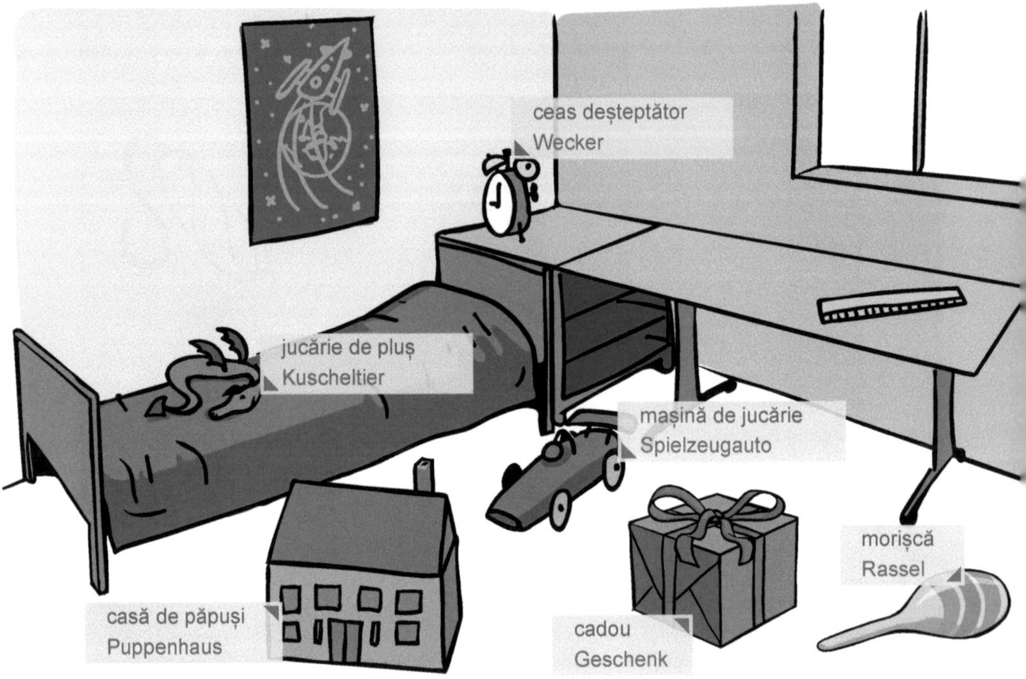
ceas deșteptător
Wecker
jucărie de pluș
Kuscheltier
mașină de jucărie
Spielzeugauto
morișcă
Rassel
casă de păpuși
Puppenhaus
cadou
Geschenk

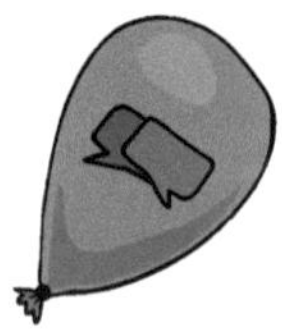

balon

Ballon

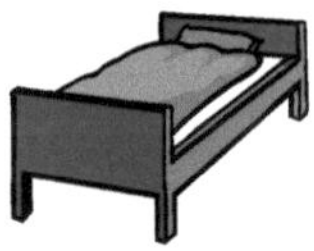

pat

Bett

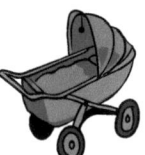

cărucior de copii

Kinderwagen

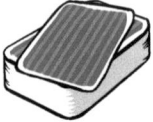

joc de cărți

Kartenspiel

puzzle

Puzzle

SUPER
MEGA

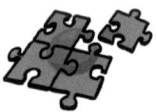

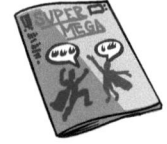

revistă de benzi desenate

Comic

cuburi lego

Legosteine

piese pentru construcţii

Bausteine

personaj din filmele de acţiune

Action Figur

body

Strampelanzug

frisbee

Frisbee

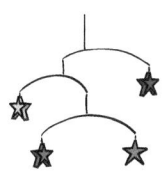

mobil

Mobile

joc de societate

Brettspiel

zar

Würfel

set trenuleţ de jucărie

Modelleisenbahn

suzetă

Schnuller

petrecere

Party

carte cu poze

Bilderbuch

minge

Ball

păpuşă

Puppe

a se juca

spielen

groapă de nisip

Sandkasten

leagăn

Schaukel

jucării

Spielzeug

consolă video

Spielkonsole

tricicletă

Dreirad

ursuleț

Teddy

dulap

Kleiderschrank

îmbrăcăminte
Kleidung

șosete

Socken

ciorapi

Strümpfe

dres

Strumpfhose

șal
Schal

curea
Gürtel

umbrelă
Regenschirm

tricou
T-Shirt

cizme
Stiefel

papuci
Hausschuhe

pantofi sport
Turnschuhe

sandale
Sandalen

încălțăminte
Schuhe

cizme de cauciuc
Gummistiefel

chilot
Unterhose

sutien
Büstenhalter

maiou
Unterhemd

îmbrăcăminte - Kleidung

45

body

Body

pantaloni

Hose

blugi

Jeans

fustă

Rock

bluză

Bluse

cămașă

Hemd

pulover

Pullover

jerseu

Kapuzenpullover

sacou

Blazer

jachetă

Jacke

palton

Mantel

pelerină de ploaie

Regenmantel

costum

Kostüm

rochie

Kleid

rochie de mireasă

Hochzeitskleid

costum

Anzug

cămașă de noapte

Nachthemd

pijama

Schlafanzug

sari

Sari

batic

Kopftuch

turban

Turban

burka

Burka

caftan

Kaftan

abaya

Abaya

costum de baie

Badeanzug

șort

Badehose

pantaloni scurți

Kurze Hose

trening

Trainingsanzug

șorț

Schürze

mănuși

Handschuhe

nasture

Knopf

ochelari

Brille

brățară

Armband

lanț

Halskette

inel

Ring

cercel

Ohrring

căciulă

Mütze

umeraș

Kleiderbügel

pălărie

Hut

cravată

Krawatte

fermoar

Reißverschluss

cască

Helm

bretele

Hosenträger

uniformă școlară

Schuluniform

uniformă

Uniform

baveţică
....
Lätzchen

suzetă
....
Schnuller

scutec
....
Windel

birou
Büro

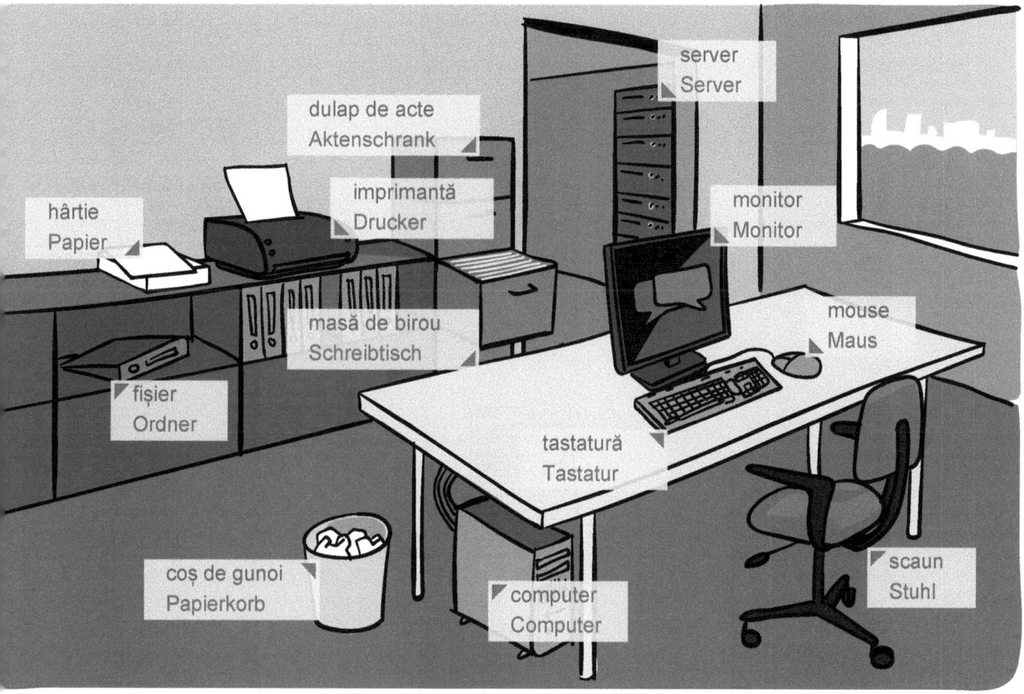

server
Server

dulap de acte
Aktenschrank

imprimantă
Drucker

hârtie
Papier

monitor
Monitor

masă de birou
Schreibtisch

mouse
Maus

fișier
Ordner

tastatură
Tastatur

coș de gunoi
Papierkorb

scaun
Stuhl

computer
Computer

ceașcă de cafea
....
Kaffeebecher

calculator
....
Taschenrechner

internet
....
Internet

laptop

Laptop

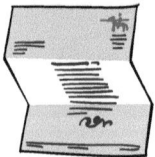

scrisoare

Brief

mesaj

Nachricht

telefon mobil

Handy

rețea

Netzwerk

copiator

Kopierer

software

Software

telefon

Telefon

priză

Steckdose

fax

Fax

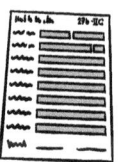

formular

Formular

document

Dokument

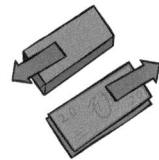

a cumpăra
....

kaufen

a plăti
....

bezahlen

a face comerţ
....

handeln

bani
....

Geld

Dolar
....

Dollar

Euro
....

Euro

Yen
....

Yen

Rublă
....

Rubel

Franc Elveţian
....

Franken

renminbi yuan
....

Renminbi Yuan

Rupie
....

Rupie

bancomat
....

Geldautomat

casă de schimb valutar

Wechselstube

aur

Gold

argint

Silber

petrol

Öl

energie

Energie

preţ

Preis

contract

Vertrag

impozit

Steuer

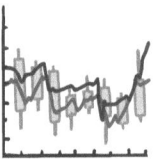

acţiune

Aktie

a munci

arbeiten

angajat

Angestellter

angajator

Arbeitgeber

fabrică

Fabrik

magazin

Geschäft

ocupații
Berufe

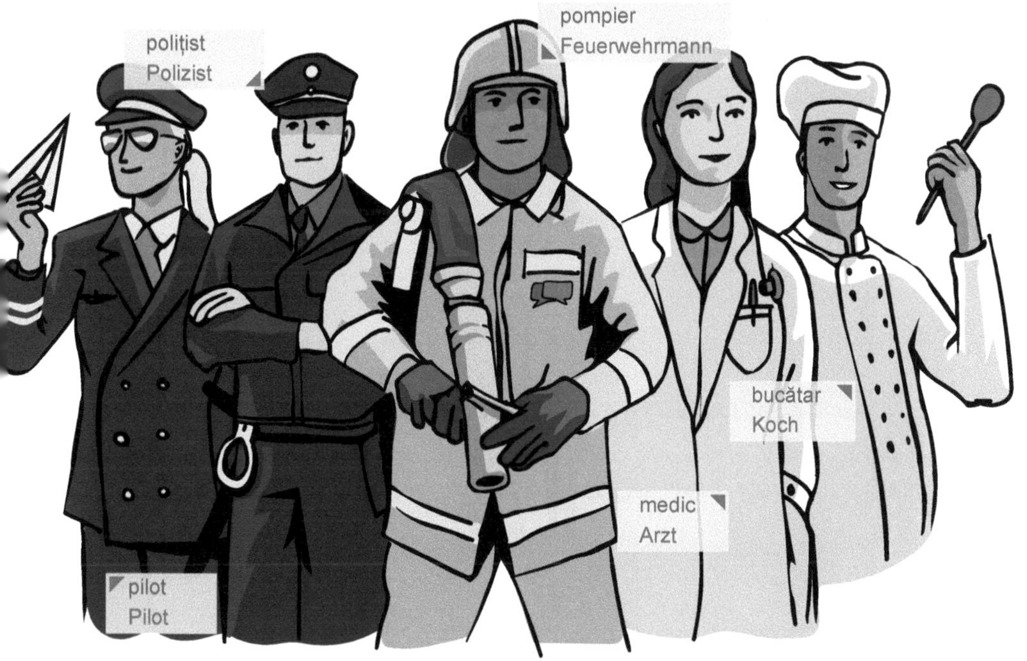
polițist
Polizist
pompier
Feuerwehrmann
bucătar
Koch
medic
Arzt
pilot
Pilot

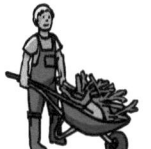

grădinar
Gärtner

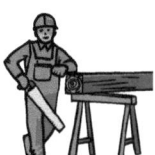

tâmplar
Tischler

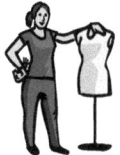

cusătoreasă
Näherin

judecător
Richter

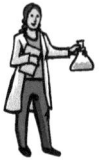

chimist
Chemiker

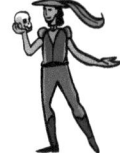

actor
Schauspieler

șofer de autobuz

Busfahrer

șofer de taxi

Taxifahrer

pescar

Fischer

femeie de serviciu

Putzfrau

tinichigiu

Dachdecker

chelnăr

Kellner

vânător

Jäger

pictor

Maler

brutar

Bäcker

electrician

Elektriker

muncitor în construcții

Bauarbeiter

inginer

Ingenieur

măcelar

Schlachter

instalator

Klempner

poștaș

Postbote

soldat

Soldat

arhitect

Architekt

casier

Kassierer

florar

Florist

frizer

Friseur

controlor

Schaffner

mecanic

Mechaniker

căpitan

Kapitän

stomatolog

Zahnarzt

om de știință

Wissenschaftler

rabin

Rabbi

imam

Imam

călugăr

Mönch

preot

Geistlicher

instrumente
Werkzeuge

ciocan
Hammer
clește
Zange
șurubelniță
Schraubendreher
cheie
Schraubenschlüssel
lanternă
Taschenlampe

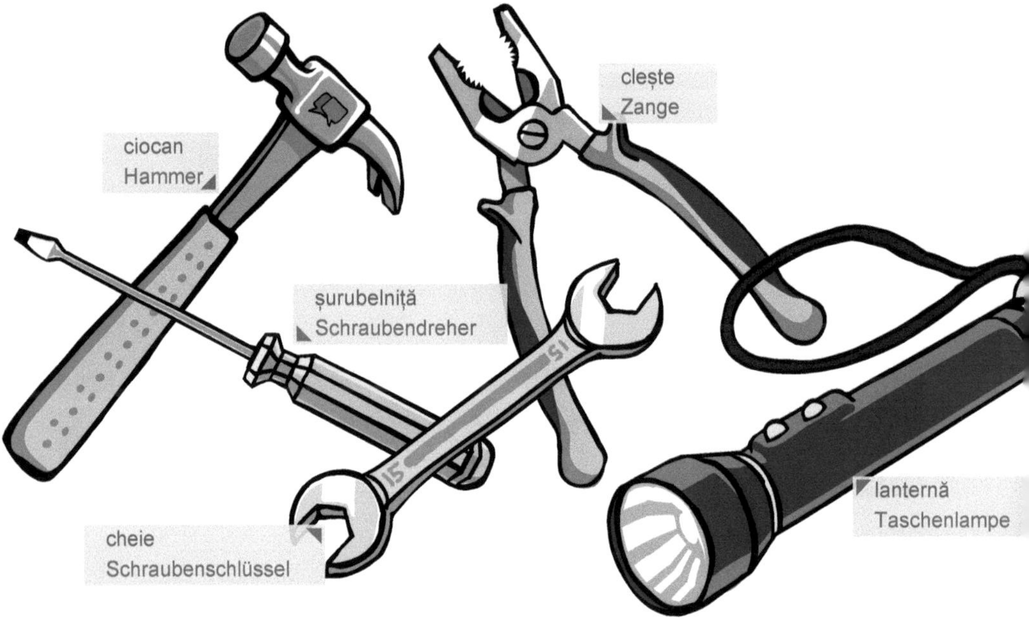

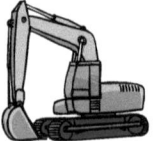

excavator
Bagger

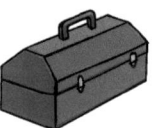

cutie de scule
Werkzeugkasten

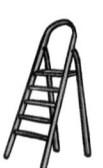

scară
Leiter

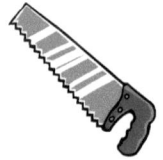

ferăstrău
Säge

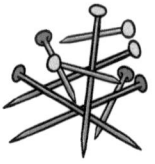

cuie
Nägel

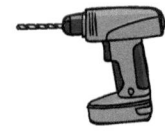

burghiu
Bohrer

a repara

reparieren

lopată

Schaufel

La naiba!

Mist!

făraș

Kehrblech

vas pentru vopsea

Farbtopf

șuruburi

Schrauben

instrumente muzicale
Musikinstrumente

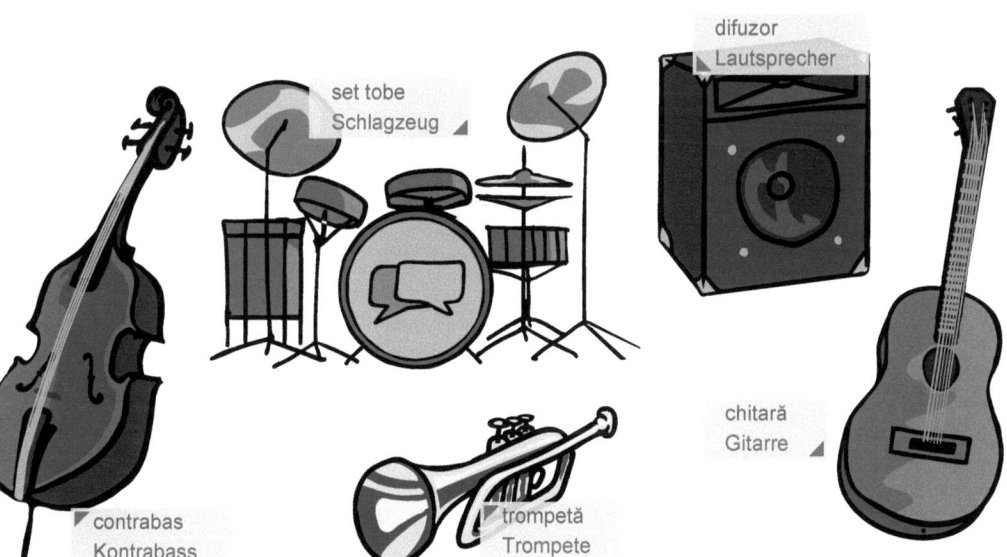

set tobe
Schlagzeug

difuzor
Lautsprecher

chitară
Gitarre

contrabas
Kontrabass

trompetă
Trompete

pian

Klavier

vioară

Violine

bas

Bass

trombon

Pauke

tobă

Trommeln

keyboard

Keyboard

saxofon

Saxophon

fluier

Flöte

microfon

Mikrofon

grădină zoologică
Zoo

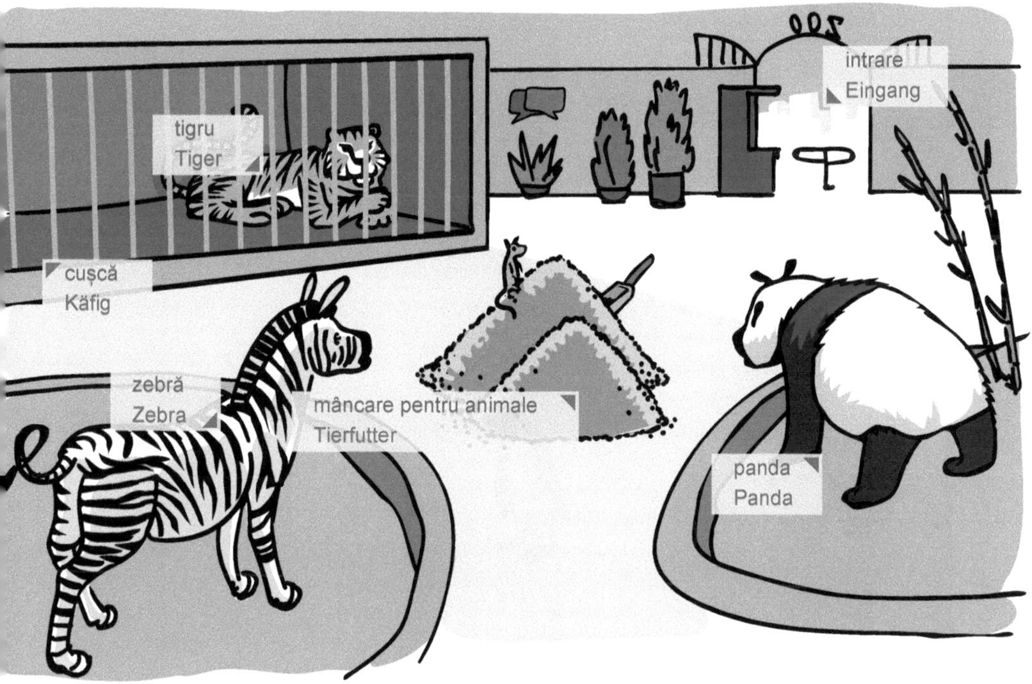

intrare
Eingang
tigru
Tiger
cușcă
Käfig
zebră
Zebra
mâncare pentru animale
Tierfutter
panda
Panda

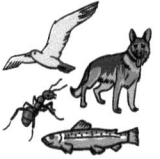

animale
Tiere

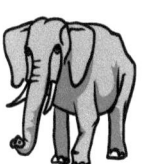

elefant
Elefant

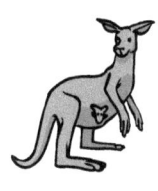

cangur
Känguru

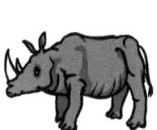

rinocer
Nashorn

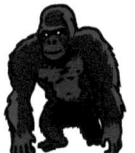

gorilă
Gorilla

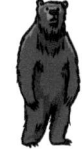

urs
Bär

cămilă

Kamel

struț

Strauß

leu

Löwe

maimuță

Affe

flamingo

Flamingo

papagal

Papagei

urs polar

Eisbär

pinguin

Pinguin

rechin

Hai

păun

Pfau

șarpe

Schlange

crocodil

Krokodil

îngrijitor grădina zoologică

Zoowärter

focă

Robbe

jaguar

Jaguar

ponei

Pony

leopard

Leopard

hipopotam

Nilpferd

girafă

Giraffe

acvilă

Adler

porc mistreț

Wildschwein

pește

Fisch

broască țestoasă

Schildkröte

morsă

Walross

vulpe

Fuchs

gazelă

Gazelle

fotbal american
American Football

ciclism
Radfahren

tenis
Tennis

basketball
Basketball

înot
Schwimmen

box
Boxen

hockey pe gheață
Eishockey

fotbal
Fußball

badminton
Badminton

atletism
Leichtathletik

handbal
Handball

schi
Skilaufen

polo
Polo

activități
Aktivitäten

a râde
lachen
a sări
springen
a îmbrățișa
umarmen
a merge
gehen
a cânta
singen
a visa
träumen
a se ruga
beten
a săruta
küssen

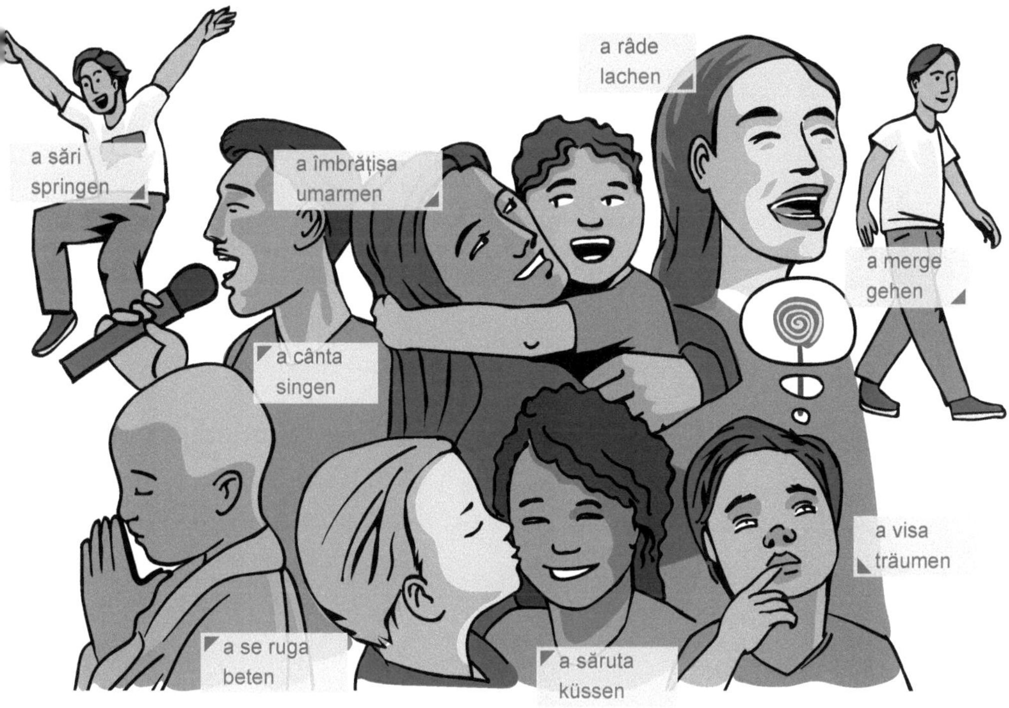

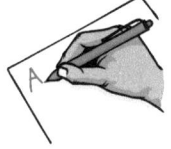

a scrie
schreiben

a desena
zeichnen

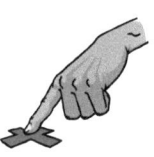

a arăta
zeigen

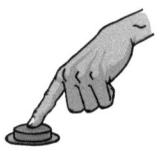

a împinge
drücken

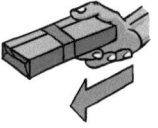

a da
geben

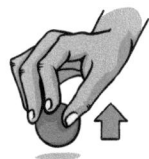

a lua
nehmen

a avea

haben

a face

tun

a fi

sein

a sta în picioare

stehen

a fugi

laufen

a trage

ziehen

a arunca

werfen

a cădea

fallen

a sta întins

liegen

a aștepta

warten

a purta

tragen

a ședea

sitzen

a se îmbrăca

anziehen

a dormi

schlafen

a se trezi

aufwachen

a privi

ansehen

a plânge

weinen

a mângâia

streicheln

a se pieptăna

kämmen

a vorbi

reden

a înțelege

verstehen

a întreba

fragen

a asculta

hören

a bea

trinken

a mânca

essen

a face ordine

aufräumen

a iubi

lieben

a găti

kochen

a conduce

fahren

a zbura

fliegen

a naviga

segeln

a calcula

rechnen

a citi

lesen

a învăţa

lernen

a munci

arbeiten

a se căsători

heiraten

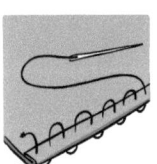

a coase

nähen

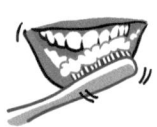

a se spăla pe dinţi

Zähne putzen

a ucide

töten

a fuma

rauchen

a trimite

senden

bunică
Großmutter

bunic
Großvater

tată
Vater

mamă
Mutter

bebeluş
Baby

soră
Tochter

fiu
Sohn

oaspete

Gast

mătuşă

Tante

unchi

Onkel

frate

Bruder

soră

Schwester

corp
Körper

frunte
Stirn
ochi
Auge
umăr
Schulter
deget
Finger
față
Gesicht
bărbie
Kinn
mână
Hand
piept
Brust
picior
Bein
braț
Arm

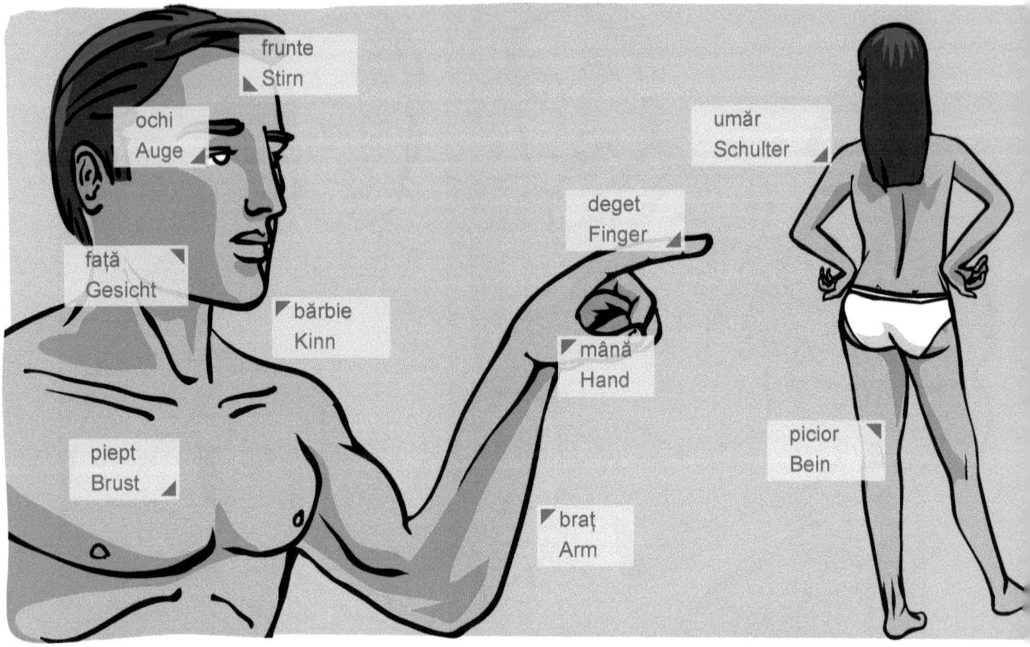

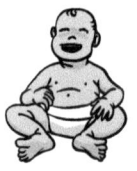

bebeluș
Baby

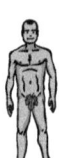

bărbat
Mann

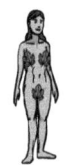

femeie
Frau

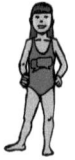

fată
Mädchen

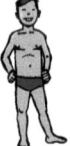

băiat
Junge

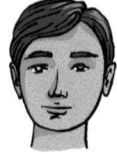

cap
Kopf

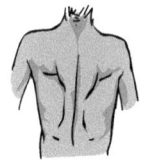

spate

Rücken

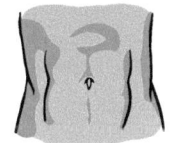

abdomen

Bauch

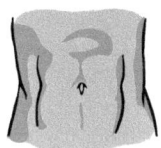

ombilic

Nabel

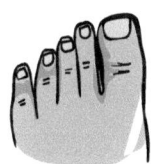

deget de la picior

Zeh

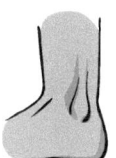

călcâi

Ferse

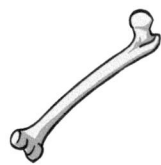

os

Knochen

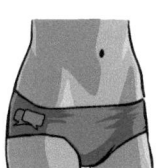

şold

Hüfte

genunchi

Knie

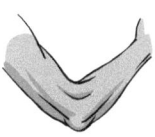

cot

Ellenbogen

nas

Nase

fund

Gesäß

piele

Haut

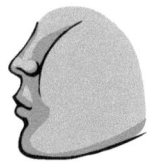

obraz

Wange

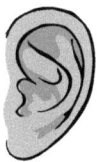

ureche

Ohr

buză

Lippe

corp - Körper

gură
Mund

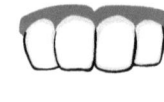

dinte
Zahn

limbă
Zunge

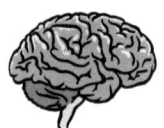

creier
Gehirn

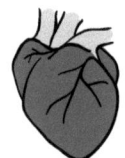

inimă
Herz

mușchi
Muskel

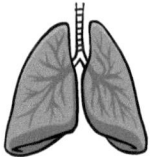

plămân
Lunge

ficat
Leber

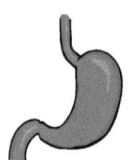

stomac
Magen

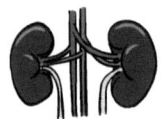

rinichi
Nieren

sex
Geschlechtsverkehr

prezervativ
Kondom

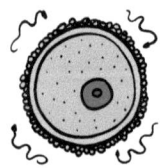

ovul
Eizelle

spermă
Sperma

sarcină
Schwangerschaft

corp - Körper

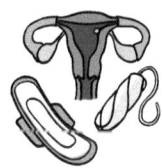

menstruație

Menstruation

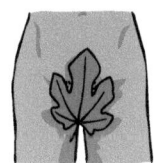

vagin

Vagina

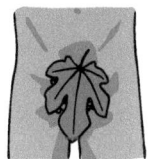

penis

Penis

sprânceană

Augenbraue

păr

Haar

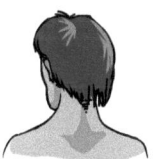

gât

Hals

spital
Krankenhaus

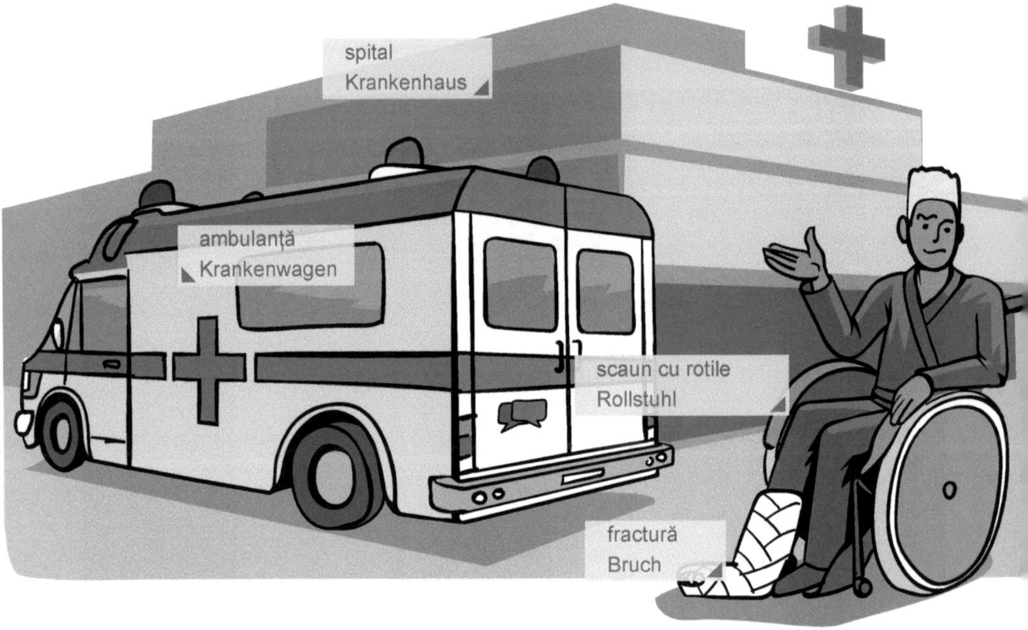

spital
Krankenhaus
ambulanță
Krankenwagen
scaun cu rotile
Rollstuhl
fractură
Bruch

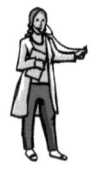

medic
Arzt

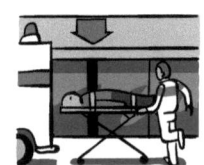

unitate de primiri urgențe
Notaufnahme

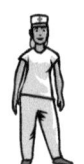

soră medicală
Krankenschwester

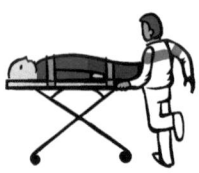

urgență
Notfall

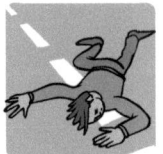

inconștient
ohnmächtig

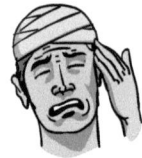

durere
Schmerz

leziune

Verletzung

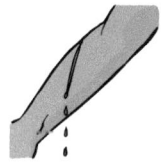

sângerare

Blutung

infarct miocardic

Herzinfarkt

atac cerebral

Schlaganfall

alergie

Allergie

tuse

Husten

febră

Fieber

gripă

Grippe

diaree

Durchfall

durere de cap

Kopfschmerzen

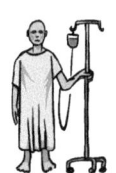

cancer

Krebs

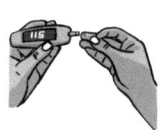

diabet

Diabetis

chirurg

Chirurg

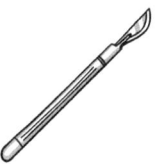

scalpel

Skalpell

operație

Operation

CT

CT

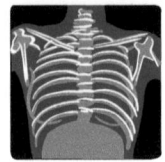

raze Röntgen

Röntgen

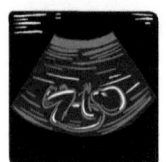

ultrasunet

Ultraschall

mască

Maske

boală

Krankheit

sală de așteptare

Wartezimmer

cârjă

Krücke

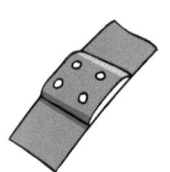

plasture

Pflaster

bandaj

Verband

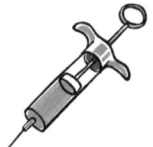

injecție

Injektion

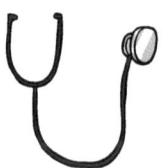

stetoscop

Stethoskop

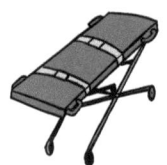

targă

Trage

termometru

Thermometer

naștere

Geburt

supraponderabilitate

Übergewicht

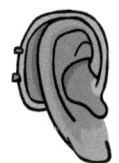

aparat auditiv

Hörgerät

dezinfectant

Desinfektionsmittel

infecție

Infektion

virus

Virus

HIV/SIDA

HIV / AIDS

medicină

Medizin

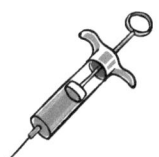

vaccin

Impfung

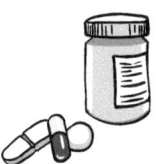

tablete

Tabletten

pastilă

Pille

apel de urgență

Notruf

aparat de măsurare a presiunii arteriale

Blutdruck-Messgerät

bolnav/sănătos

krank / gesund

Ajutor!

Hilfe!

alarmă

Alarm

agresiune

Überfall

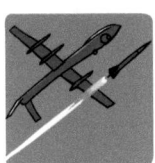

atac

Angriff

pericol

Gefahr

ieşire de urgenţă

Notausgang

Foc!

Feuer!

extinctor

Feuerlöscher

accident

Unfall

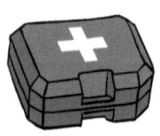

trusă de prim-ajutor

Erste-Hilfe-Koffer

SOS

SOS

poliţie

Polizei

Europa

Europa

America de Nord

Nordamerika

America de Sud

Südamerika

Africa

Afrika

Asia

Asien

Australia

Australien

Altantic

Atlantik

Pacific

Pazifik

Oceanul Indian

Indischer Ozean

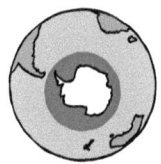

Oceanul Antarctic

Antarktischer Ozean

Oceanul Arctic

Arktischer Ozean

Polul Nord

Nordpol

Polul Sud

Südpol

Antarctica

Antarktis

pământ

Erde

țară

Land

mare

Meer

insulă

Insel

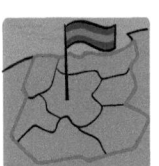

națiune

Nation

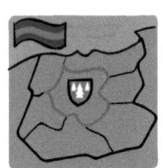

stat

Staat

cadran

Zifferblatt

orar

Stundenzeiger

minutar

Minutenzeiger

secundar

Sekundenzeiger

Cât e ceasul?

Wie spät ist es?

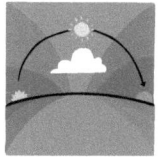

zi

Tag

timp

Zeit

acum

jetzt

cead digital

Digitaluhr

minut

Minute

oră

Stunde

săptămână
Woche

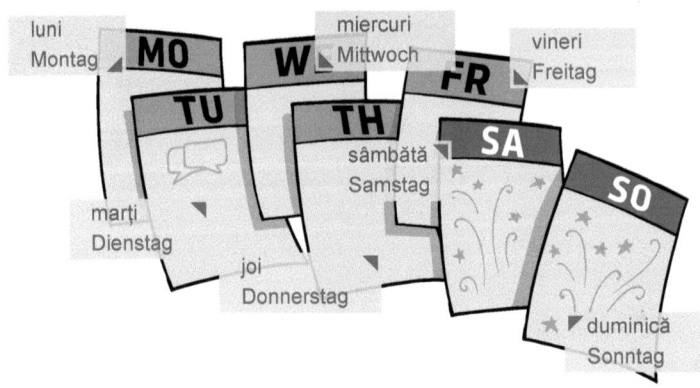

luni — Montag
marți — Dienstag
miercuri — Mittwoch
joi — Donnerstag
vineri — Freitag
sâmbătă — Samstag
duminică — Sonntag

ieri

gestern

azi

heute

mâine

morgen

dimineață

Morgen

amiază

Mittag

seară

Abend

MO	TU	WE	TH	FR	SA	SU
1	2	3	4	5	6	7
8	9	10	11	12	13	14
15	16	17	18	19	20	21
22	23	24	25	26	27	28
29	30	31	1	2	3	4

zile lucrătoare

Arbeitstage

MO	TU	WE	TH	FR	SA	SU
1	2	3	4	5	6	7
8	9	10	11	12	13	14
15	16	17	18	19	20	21
22	23	24	25	26	27	28
29	30	31	1	2	3	4

week-end

Wochenende

ploaie
Regen

curcubeu
Regenbogen

zăpadă
Schnee

vânt
Wind

primăvară
Frühling

toamnă
Herbst

vară
Sommer

iarnă
Winter

4.APRIL	11°	☀
5.APRIL	4°	☁
6.APRIL	13°	☂
7.APRIL	8°	☀
8.APRIL	10°	☀

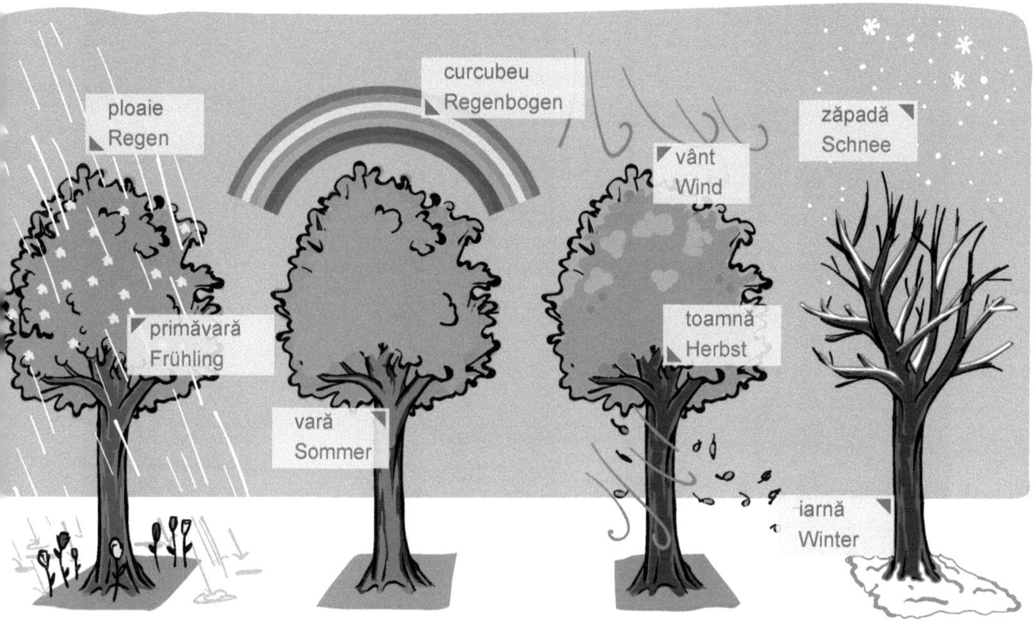

prognoză meteo

Wettervorhersage

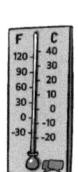

termometru

Thermometer

lumina soarelui

Sonnenschein

nor

Wolke

ceață

Nebel

umiditate a aerului

Luftfeuchtigkeit

fulger

Blitz

tunet

Donner

furtună

Sturm

grindină

Hagel

muson

Monsun

inundaţie

Flut

gheaţă

Eis

ianuarie

Januar

februarie

Februar

martie

März

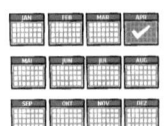

aprilie

April

mai

Mai

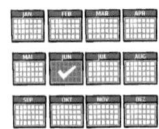

iunie

Juni

iulie

Juli

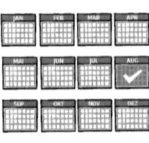

august

August

an - Jahr

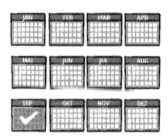

septembrie

September

octombrie

Oktober

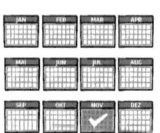

noiembrie

November

decembrie

Dezember

forme
Formen

cerc

Kreis

pătrat

Quadrat

dreptunghi

Rechteck

triunghi

Dreieck

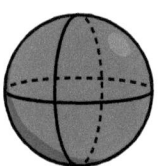

sferă

Kugel

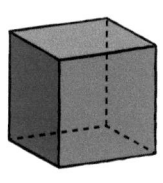

cub

Würfel

alb

weiß

galben

gelb

portocaliu

orange

roz

pink

roșu

rot

violet

lila

albastru

blau

verde

grün

maro

braun

gri

grau

negru

schwarz

mult/puţin

viel / wenig

furios/calm

wütend / friedlich

frumos/urât

hübsch / hässlich

început/sfârşit

Anfang / Ende

mare/mic

groß / klein

luminos/întunecat

hell / dunkel

frate/soră

Bruder / Schwester

curat/murdar

sauber / schmutzig

complet/incomplet

vollständig / unvollständig

zi/noapte

Tag / Nacht

mort/viu

tot / lebendig

lat/strâmt

breit / schmal

comestibil/necomestibil

genießbar / ungenießbar

rău/prietenos

böse / freundlich

emoţionat/plictisit

aufgeregt / gelangweilt

gras/slab

dick / dünn

primul/ultimul

zuerst / zuletzt

prieten/inamic

Freund / Feind

plin/gol

voll / leer

tare/moale

hart / weich

greu/uşor

schwer / leicht

foame/sete

Hunger / Durst

bolnav/sănătos

krank / gesund

ilegal/legal

illegal / legal

inteligent/stupid

intelligent / dumm

stânga/dreapta

links / rechts

aproape/departe

nah / fern

nou/uzat

neu / gebraucht

nimic/ceva

nichts / etwas

bătrân/tânăr

alt / jung

pornit/oprit

an / aus

deschis/închis

offen / geschlossen

încet/tare

leise / laut

bogat/sărac

reich / arm

corect/fals

richtig / falsch

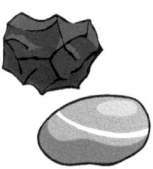

aspru/neted

rau / glatt

trist/fericit

traurig / glücklich

lung/scurt

kurz / lang

încet/repede

langsam / schnell

ud/uscat

nass / trocken

cald/rece

warm / kühl

război/pace

Krieg / Frieden

0

zero

null

1

unu

eins

2

doi

zwei

3

trei

drei

4

patru

vier

5

cinci

fünf

6

şase

sechs

7

şapte

sieben

8

opt

acht

9

nouă

neun

10

zece

zehn

11

unsprezece

elf

12

douăsprezece

zwölf

13

treisprezece

dreizehn

14

paisprezece

vierzehn

15

cincisprezece

fünfzehn

16

șaisprezece

sechzehn

17

șaptesprezece

siebzehn

18

optsprezece

achtzehn

19

nouăsprezece

neunzehn

20

douăzeci

zwanzig

100

o sută

hundert

1.000

o mie

tausend

1.000.000

un milion

million

engleză

Englisch

engleză americană

Amerikanisches Englisch

chineza mandarină

Chinesisch Mandarin

hindi

Hindi

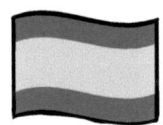

spaniolă

Spanisch

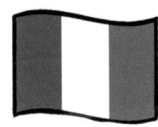

franceză

Französisch

arabă

Arabisch

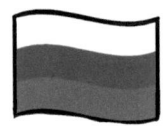

rusă

Russisch

protugheză

Portugiesisch

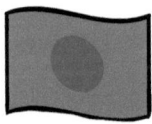

bengaleză

Bengalisch

germană

Deutsch

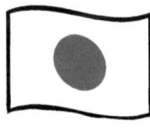

japoneză

Japanisch

eu

ich

tu

du

el/ea

er / sie / es

noi

wir

voi

ihr

ea

sie

cine?

wer?

ce?

was?

cum?

wie?

unde?

wo?

când?

wann?

nume

Name

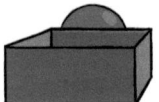

în spate

hinter

în

in

înainte

vor

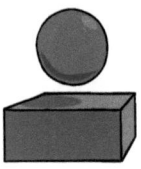

peste

über

pe

auf

sub

unter

lângă

neben

între

zwischen

loc

Ort